AF261516

Louis R. Feuillard
1872 – 1941

Daily Exercises
Tägliche Übungen
Exercices journaliers

for Violoncello
für Violoncello
pour violoncello

ALLEGRO
EDITIONS

Published in 2022 by Allegro Editions

Daily Exercises for Violoncello
ISBN: 978-1-64837-245-2 (casebound)
        978-1-64837-246-9 (paperback)

Cover design by Kaitlyn Whitaker

Cover image: *Cello Isolated on White* by Mindscape studio,
courtesy of Shutterstock

Übungen für die linke Hand und den Bogen.
Triller, Tonleitern, Akkorde, Doppelgriffe usw.

1. Teil   Übungen in den Halslagen
2. Teil   Übungen, die das Violoncello in seiner ganzen Ausdehnung umfassen
3. Teil   Übungen mit Daumenaufsatz
4. Teil   Doppelgriffe
5. Teil   Bogenübungen

Man spiele täglich einige Übungen aus jedem der fünf Teile; jede Übung zuerst langsam und beschleunige dann das Tempo immer mehr, achte dabei jedoch sehr auf die Gleichmäßigkeit.

*

Exercices pour la main gauche et l'archet.
Trilles, gammes, arpèges, doubles cordes etc.

1ère Partie   Exercices aux positions du manche
2e Partie   Exercices dans toute l'étendue du Violoncelle
3e Partie   Exercices aux positions du pouce
4e Partie   Doubles cordes
5e Partie   Exercices d'archet

Travailler chaque jour quelques exercices dans chacune des cinq parties; chaque exercice d'abord lentement puis de plus en plus vite mais toujours très également.

*

Exercises for the left hand and bow.
Trills, Scales, Arpeggios, Double stopping etc.

1st Part   Exercises in the neck positions 1
2nd Part   Exercises in the whole compass of the cello 19
3rd Part   Exercises in the thumb positions 34
4th Part   Double stopping 37
5th Part   Bowing Exercises 39

Examples from each of the five parts should be studied daily. The exercises should be practised slowly at first gradually increasing the speed. Care should be taken that they are played very evenly.

1. Teil

Übungen in den Halslagen

1ère Partie

Exercices aux positions du manche

1st Part

Exercises in the neck positions

1

Trillerübungen | Exercices de Trilles | Exercises in shakes

Varianten *Variantes* Variations

Diese Studien sollen auf jeder Saite und in allen Lagen geübt werden.

Travailler ces exercices sur chaque corde et à toutes les positions.

These exercises should be studied on each string, and in all the positions.

Beispiel
Exemple
Example

2. Lage *2e position* 2nd position

3. Lage *3e position* 3rd position

4. Lage *4e position* 4th position

1

2

Ausführung
Exécution
Execution

1 Lage 1ère position 1st position

Auf allen Saiten zu üben.

Travailler ces exercices sur chaque corde.

These exercises should be studied on all the strings.

Beispiel
Exemple
Example

3

2. u. 3. Lage   2e et 3e positions   2nd & 3rd positions
30 31 32
33 34 35
36 37 38
39 40 41 42
43 44 45 46
47 48 49 50

5

1. u. 4. Lage   1ère et 4e positions   1st & 4th positions
1 2 3 4
5 6 7 8
9 10 11 12
13 14 15 16
17 18 19 20

2. u. 4. Lage   2e et 4e positions   2nd & 4th positions
21 22 23 24
25 26 27 28
29 30 31 32
33 34 35 36
37 38 39 40
3. u. 4. Lage   3e et 4e positions   3rd & 4th positions
41 42 43
simile
44 45 46 47 48
49 50 51 52 53
54 55 56 57 58
59 60 61 62 63

6

7

8

<table>
<tr><td>Übungen in allen
Halslagen</td><td>Exercices à toutes les
positions du manche</td><td>Exercises in all the neck
positions</td></tr>
</table>

Varianten *Variantes* Variations

9

Varianten *Variantes* Variations
Man spiele diese Übungen in allen Tonarten
Travailler ces exercices dans tous les tons
These exercises should be studied in all the keys
etc.

Tonleitern durch 2 Oktaven
Gammes à deux octaves
Scales of 2 octaves

C
Do♮
C
Cis
Do♯
C♯
D
Ré
D
Es
Mi♭
E♭
E
Mi♮
E
F
Fa♮
F

11

Fis
Fa♯
F♯
IIª
G
Sol
G
As
La♭
A♭
A
La♮
A
B
Si♭
B♭
H
Si♮
B
13

12

Terzen
Tierces
Thirds
C dur / Do / C
Des dur / Ré♭ / D♭
D dur / Ré / D
Es dur / Mi♭ / E♭
E dur / Mi / E
F dur / Fa / F
Fis dur / Fa♯ / F♯
G dur / Sol / G
As dur / La♭ / A♭
A dur / La / A
B dur / Si♭ / B♭
H dur / Si / B

13

Ausführung: Man übe zuerst jeden Takt mehrmals einzeln; hierauf spiele man die 8 Takte aufeinanderfolgend, so daß sie eine für sich abgeschlossene Übung bilden.

Execution:Travailler plusieurs fois chaque mesure, ensuite enchainer les 8 mesures sans arrêt.

Method: Play each bar several times, then join the 8 bars together.

14

Chromatische Übungen | Exercices chromatiques | Chromatic exercises

Ausstreckung | Extensions | Extensions

15

Übungen um die Geläufigkeit
der Finger zu entwickeln

Man spiele mehrere Wiederholungen
auf einen Bogen.

Exercices pour développer
l'agilité des doigts

Faire plusieurs fois chaque reprise
dans un même coup d'archet.

Exercises to develope the
agility of the fingers

Repeat each bar several times in
one bow.

Beispiel
Exemple
Example

C dur / Do / C
G dur / Sol / G
D dur / Ré / D
A dur / La / A
E dur / Mi / E
H dur / Si / B
Fis dur / Fa# / F#
F dur / Fa / F
B dur / Si♭ / B♭
Es dur / Mi♭ / E♭
As dur / La♭ / A♭
Des dur / Re♭ / D♭

etc.   etc.   etc.
IIa   IIIa
IVa

2. Teil | 2ᵉ Partie | 2nd Part

2. Teil

Übungen, die das Violoncell
in seiner ganzen
Ausdehnung umfassen

2ᵉ Partie

Exercices dans toute
l'étendue du Violoncelle

2nd Part

Exercises
in the whole compass
of the Cello

16

17

Tonleitern durch zwei Oktaven, auf einer Saite, mit zwei, bei allen Tonleitern anwendbaren Fingersätzen
Gammes a deux octaves sur une seule corde avec deux doigtés applicables a toutes les gammes
Scales of two octaves on one string with an alternative fingering

Fingersat A Doigté A Fingering A
Fingersat B Doigté B Fingering B

# Chromatic Chromatique Chromatic

18

<table>
<tr><td>Akkorde durch zwei Octaven
auf einer Saite</td><td>Arpèges à deux octaves
sur une seule corde</td><td>Arpeggios of two octaves
on one string</td></tr>
</table>

19

Tonleitern	Gammes	Scales
Die Tonleitern sind mit zweierlei Fingersätzen bezeichnet und zwar	*Les gammes sont données avec deux doigtés:*	The scales are given with two fingerings.
1.) mit dem meistenteils angewendeten (siehe N? 20)	*1? Celui du N? 20 qui est le plus généralement employé*	1. That of N? 20 (most generally used)
2.) mit einem neuen Fingersatz, (siehe N? 19) der durch seine Einfachheit die Ausführung der Tonleitern erleichtern wird.	*2? Celui du N? 19 est un nouveau doigté qui par sa simplicité facilitera l'éxécution des gammes.*	2. N? 19, a new fingering, which by its simplicity facilitates the execution of the scales.

Die Tonleitern sind mit zweierlei Fingersätzen bezeichnet und zwar
1.) mit dem meistenteils angewendeten (siehe N? 20)
2.) mit einem neuen Fingersatz, (siehe N? 19) der durch seine Einfachheit die Ausführung der Tonleitern erleichtern wird.

Es genügt, wenn man sich den Platz des 1. Fingers am Anfang der Tonleiter merkt und dann, nach jeweils drei Noten, die Lage der Hand verändert.
1.) Bei den Tonleitern durch 2 Oktaven greift man die 1. Note immer mit dem 1. Finger.
2.) Bei den Tonleitern durch 3 Oktaven greift man die 2. Note immer mit dem 1. Finger.
3.) Bei den Tonleitern durch 4 Oktaven greift man die 3. Note immer mit dem 1. Finger.

Les gammes sont données avec deux doigtés:
1? Celui du N? 20 qui est le plus généralement employé
2? Celui du N? 19 est un nouveau doigté qui par sa simplicité facilitera l'éxécution des gammes.

Il suffira de se rappeler la place du 1er doigt au début de la gamme et ensuite de déplacer la main toutes les trois notes.
1? Pour les gammes à 2 octaves le premier doigt est toujours sur la 1ère note.
2? Pour les gammes à 3 octaves le premier doigt est toujours sur la 2e note.
3? Pour les gammes à 4 octaves le premier doigt est toujours sur la 3e note.

The scales are given with two fingerings.
1. That of N? 20 (most generally used)
2. N? 19, a new fingering, which by its simplicity facilitates the execution of the scales.

It is sufficient to remember the position of the 1st finger at the beginning of the scale, then change position every three notes.
1) For scales of 2 octaves the 1st finger is always on the 1st note.
2) For scales of 3 octaves the 1st finger is always on the 2nd note.
3) For scales of 4 octaves the 1st finger is always on the 3rd note.

Tonleitern durch zwei Oktaven mit demselben Fingersatz bei allen Tonleitern

Gammes à deux octaves avec le même doigté pour toutes les gammes

Scales of two octaves with the same fingering for all keys

Über die Tonleitern durch 2 Oktaven auf einer Saite siehe N? 15.

Pour les gammes à deux octaves sur la même corde Voir N? 15.

For scales of 2 octaves on one string, see N? 15.

Tonleitern durch drei Oktaven
mit demselben Fingersatz
bei allen Tonleitern

Gammes à trois octaves
avec le même doigté
pour toutes les gammes

Scales of three octaves
with the same fingering
for all keys

C Do C
Cis Do# C#
D Ré D
Es Mi♭ E♭
E Mi♮ E   F Fa♮ F   Fis Fa# F#   G Sol G
As La♭ A♭   A La♮ A   B Si♭ B♭   H Si♮ B

Tonleitern durch vier Oktaven
mit demselben Fingersatz
bei allen Tonleitern

Gammes à quatre octaves
avec le même doigté
pour toutes les gammes

Scales of four octaves
with the same fingering
for all keys

C Do C
Cis Do# C#
D Ré D
Es Mi♭ E♭
E Mi♮ E   F Fa♮ F   Fis Fa# F#   G Sol G
As La♭ A♭   A La♮ A   B Si♭ B♭   H Si♮ B

Cis moll Do# mineur C# minor
2 Oktaven
2 octaves
2 octaves
D Ré D etc. Es Mib Eb E Mi♮ E F Fa♮ F Fis Fa# F#
G Sol G As Lab Ab A La♮ A B Sib Bb H Si♮ B C Do♮ C
C moll Do♮ mineur C minor
3 Oktaven
3 octaves
3 octaves
Cis Do♮ C# etc. D Ré D Es Mib Eb E Mi♮ E F Fa♮ F
Fis Fa# F# G Sol G As Lab Ab A La♮ A B Sib Bb H Si♮ B
C moll Do♮ mineur C minor
4 Oktaven
4 octaves
4 octaves
Cis Do# C# etc. D Ré D Es Mib Eb E Mi♮ E F Fa♮ F
Fis Fa# F# G Sol G As Lab Ab A La♮ A B Sib Bb H Si♮ B

20

<table>
<tr><td>

Tonleitern durch 3 u. 4 Oktaven

1.) Bei den Tonleitern durch 4 Oktaven kann man die beiden angegebenen Fingersätze verwenden.
2.) Bei den Tonleitern durch 3 Oktaven wende man die Fingersätze unter den Noten an.

</td><td>

Gammes à 3 et 4 octaves

1º *Pour les gammes à 4 octaves on peut employer les deux doigtés indiqués.*
2º *Pour les gammes à 3 octaves n'employer que le doigté placé au dessous des notes.*

</td><td>

Scales of 3 & 4 octaves

1) For scales of 4 octaves both the fingerings indicated can be used.
2) For scales of 3 octaves use the fingering printed below the notes.

</td></tr>
</table>

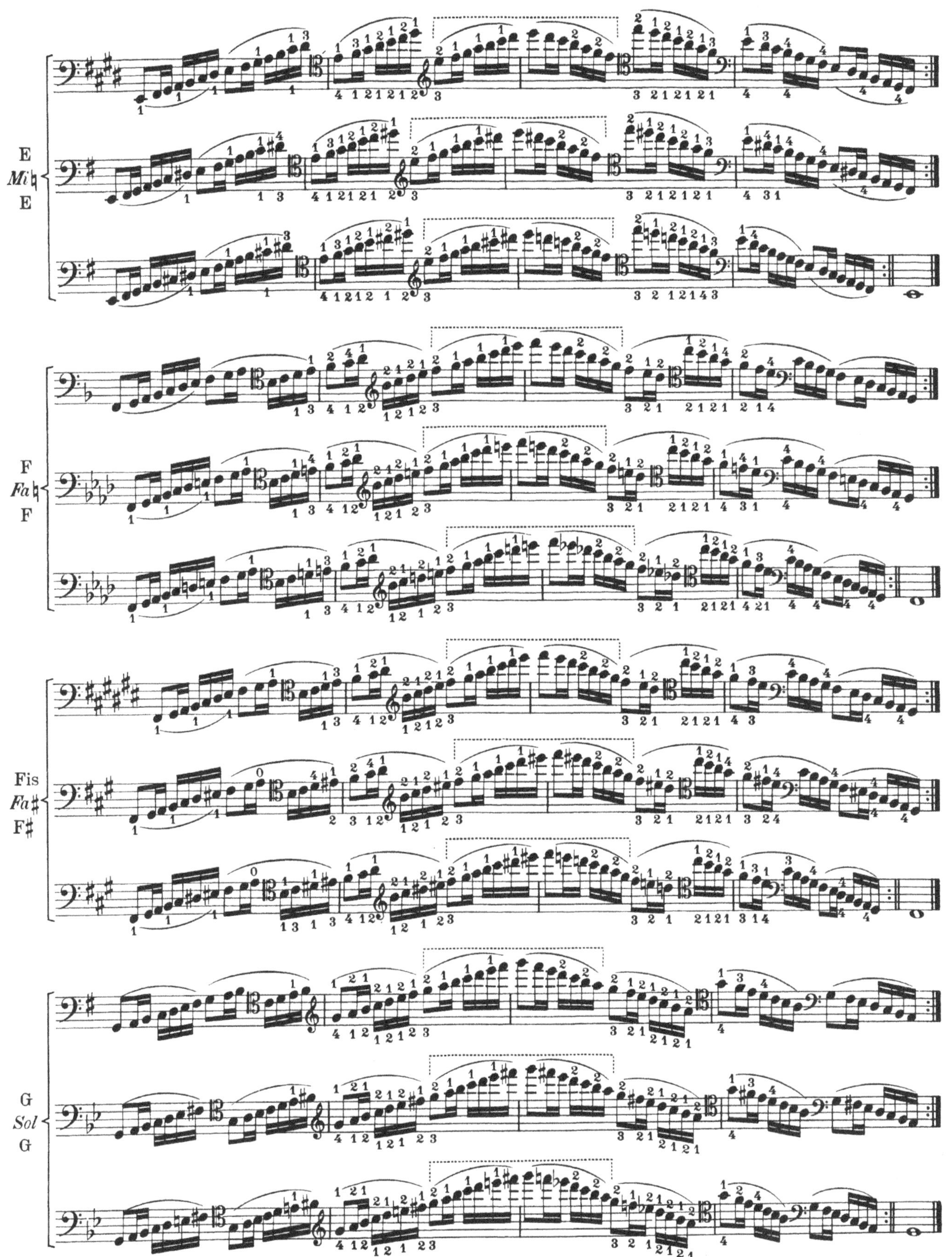

28

21

Akkorde durch vier Oktaven
Arpèges à quatre octaves
Arpeggios of four octaves

E
Mi♮
E
F
Fa♭
F
Fis
Fa♯
F♯
G
Sol
G

22

Akkord=Übungen | Exercices en arpèges | Arpeggio Exercises

23

Tonleitern und Akkorde
wie man sie häufig in der moder-
nen Musik antrifft.

Gammes et Arpèges
que l'on rencontre fréquemment
dans la musique moderne.

Scales & Arpeggios
frequently met with in modern
music.

Tonleitern Gammes Scales
C
Do
C
Des - Cis
Réb - Do♯
D♭ - C♯
Fingersatz A Doigté A Fingering A
C
Do
C
Fingersatz B Doigté B Fingering B
Des - Cis
Réb - Do♯
D♭ - C♯

Die Tonleitern auf: D, E, Fis, As, B
sind identisch mit der Tonleiter auf C.
Die Tonleitern auf: Es, F, G, A, H
sind identisch mit der Tonleiter auf Cis.

Les gammes de Re, Mi♮, Fa♯, La♭, Si♭
sont identiques à la gamme de Do♮.
Les gammes de Mi♭, Fa♮, Sol, La♮, Si♮
sont identiques à la gamme de Do♯.

The scales of D, E, F♯, A♭, B♭ are
identical with the scale of C.
The scales of E♭, F, G, A, B are
identical with the scale of C♯.

Akkorde Arpèges Arpeggios

3. Teil
Übungen mit Daumen-aufsatz

3ᵉ Partie
Exercices aux positions du pouce

3ʳᵈ Part
Exercises in the thumb positions

24

25

26

27

4. Teil

Doppelgriffe

4e Partie

Doubles cordes

4th Part

Double stopping

28

Übungen um die Finger unabhängig zu machen, und zur Vorbereitung der Doppelgriffe

Die ganzen Noten sollen wohl gegriffen, aber nicht angestrichen werden.

Exercices pour acquérir l'indépendance des doigts et préparer aux doubles cordes

Il faut tenir les rondes sans les jouer.

Exercises to acquire independence of the fingers & to prepare for double stopping

The semibreves to be stopped with the fingers, but not played with the bow.

Ausführung
Exécution
Execution

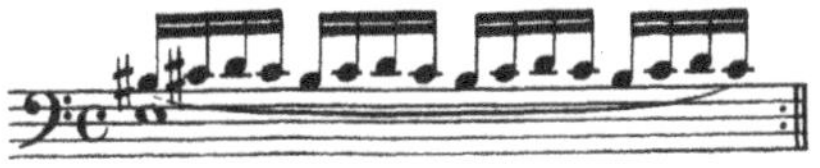

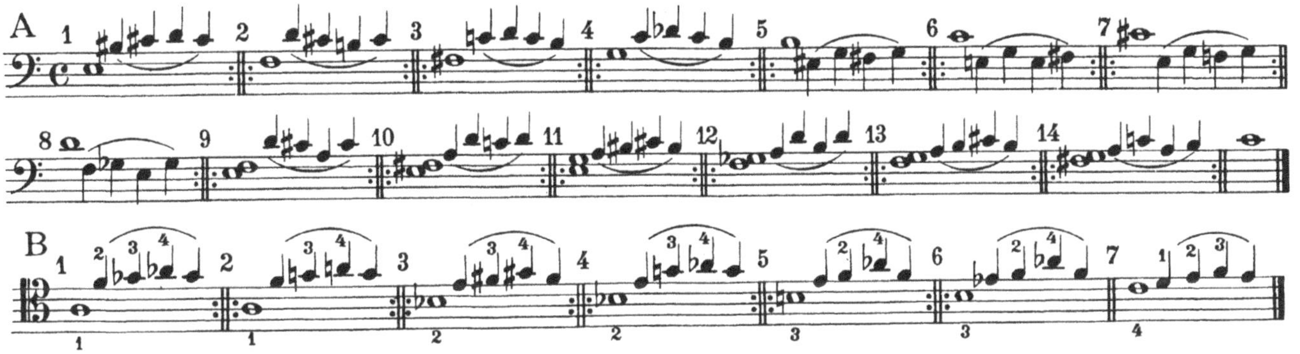

29

Doppelgriffe | **Doubles cordes** | Double stopping

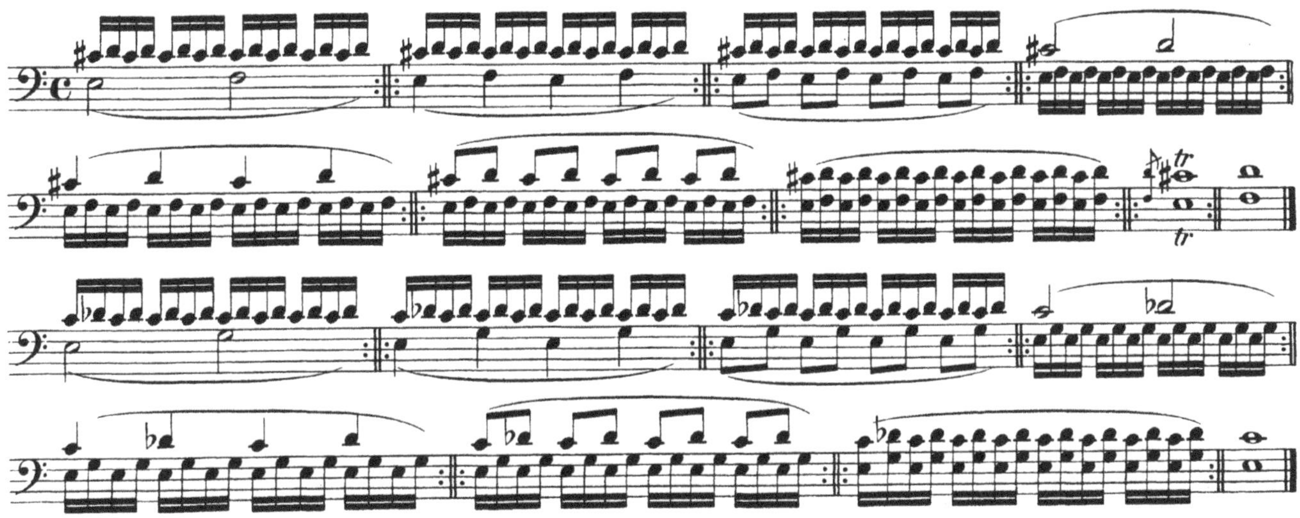

Doppelgriffe mit ungleichen Notenwerten

Man spiele die Ubungen 1 u. 2 sehr langsam, und zähle dazu; dann beschleunige man das Zeitmaß bis man zu 1bis und 2bis gelangt.

Valeurs inégales en doubles cordes

Travailler les exercices 1 et 2 très lentement en comptant les temps puis accélerer le mouvement pour arriver aux 1bis et 2bis

Unequal values in double stopping

Study the exercises 1 & 2 very slowly at first, gradually increasing the speed until arriving at 1bis & 2bis

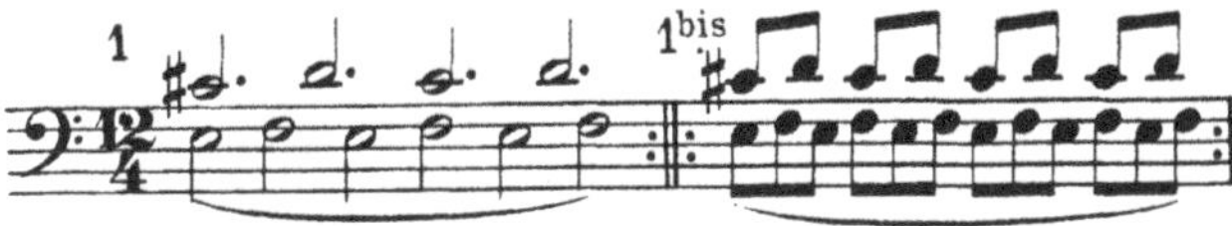

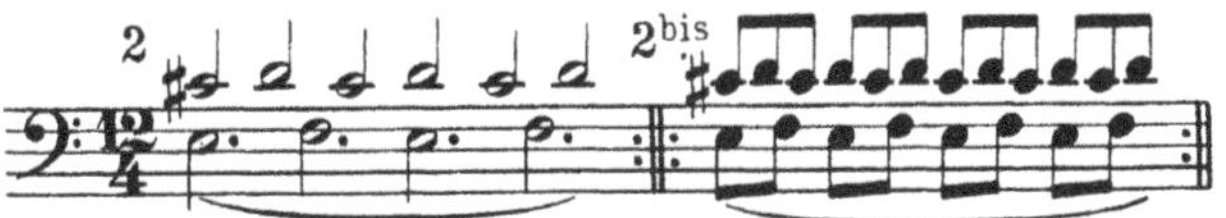

30
Terzen, Sexten und Oktaven
Tierces, sixtes et octaves
Thirds, sixths & octaves
Sexten
Sixtes
Sixthes
1 Oktave 1 octave 1 octave
etc.
2 Oktaven 2 octaves 2 octaves
etc.
3 Oktaven 3 octaves 3 octaves
Tonleitern Gammes Scales
Oktaven
Octaves
Octaves
etc.
Terzen Tierces Thirds
etc.
Akkorde Arpèges Arppeggios
Terzen
Tierces
Thirds
etc.
etc.
31
Natürliche und künstliche
Flageolettöne
Sons harmoniques naturels
et artificiels
Natural & Artifical
harmonics
A
etc.
etc.
etc.
B
etc. Und so fort in allen Tonarten
Continuer dans tous les tons
Continue in other keys
38

<table>
<tr><td>

5. Teil
Bogenübungen
Abkürzungen:

⊓ Herunterstrich
∨ Hinaufstrich
G Ganzer Bogen
M In der Mitte
Fr Am Frosch
Sp An der Spitze
H Halber Bogen

</td><td>

5ᵉ Partie
Exercices d'archet
Abréviations:

⊓ *Tirez*
∨ *Poussez*
G *Tout l'archet*
M *Au milieu*
Fr *Au talon*
Sp *A la pointe*
H *La moitié de l'archet*

</td><td>

5ᵗʰ Part
Bowing Exercises
Abbreviations:

⊓ Down bow
∨ Up bow
G Whole length of bow
M In Middle
Fr At the nut
Sp At the point
H Half length of bow

</td></tr>
</table>

32

Übungen für den rechten Arm | **Exercices pour le bras droit** | Exercises for the right arm

33

34

Übungen um die Geschmeidigkeit
des Handgelenks zu entwickeln

Exercices pour développer
la souplesse du poignet

Exercises for developing
suppleness of wrist

35

Übungen auf drei Saiten | Exercices sur trois cordes | Exercises on three strings

36

<table>
<tr><td>Übungen um die Kraft des
Handgelenks zu entwickeln</td><td>Exercices pour développer
la force du poignet</td><td>Exercises for developing
the power of the wrist</td></tr>
</table>